NOTE

SUR LE

TRAVAIL DES ENFANTS

DANS LES MINES

PARIS

TYPOGRAPHIE HENNUYER ET FILS

7, RUE DU BOULEVARD, 7

1868

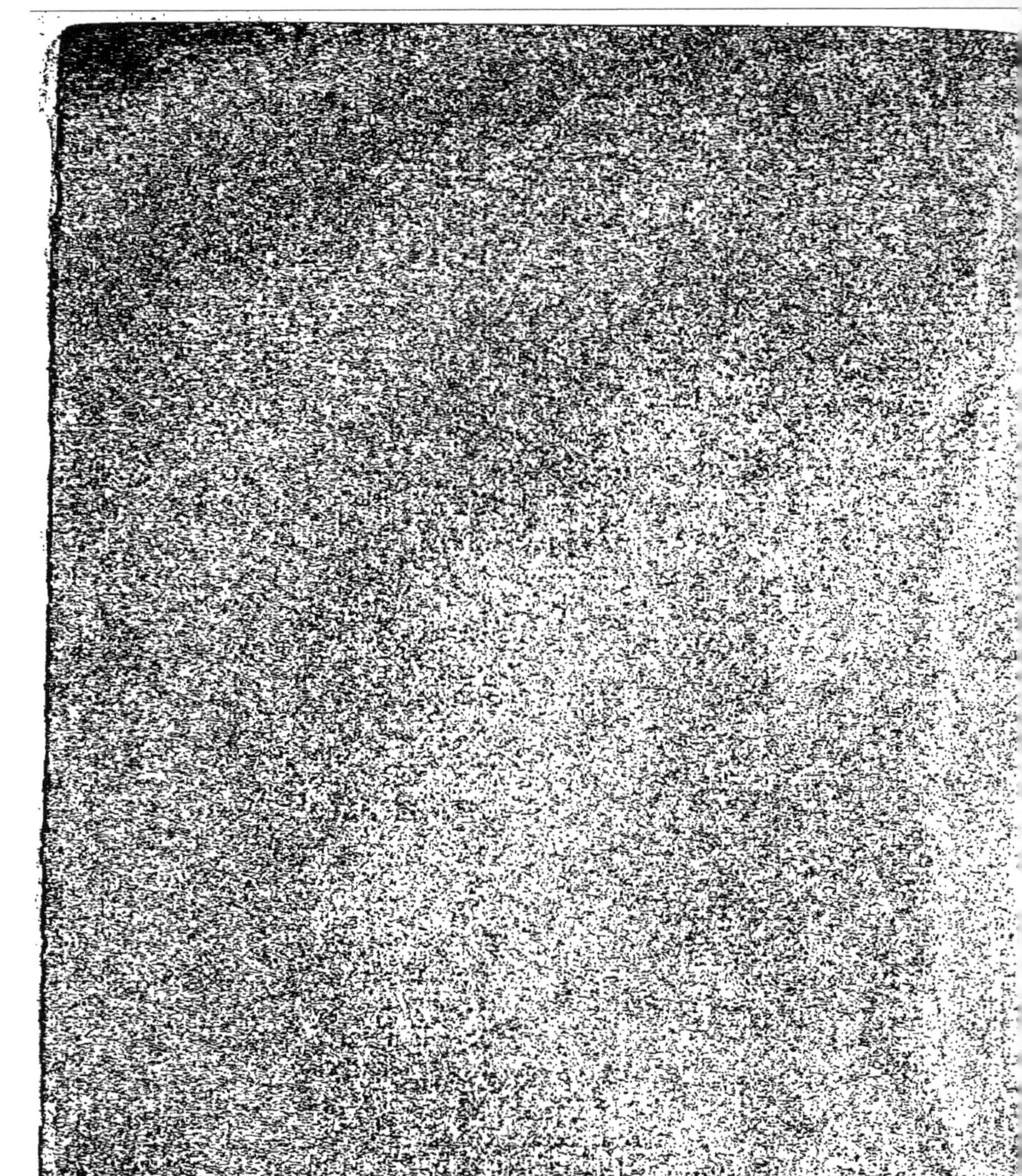

NOTE

SUR

LE TRAVAIL DES ENFANTS

DANS LES MINES

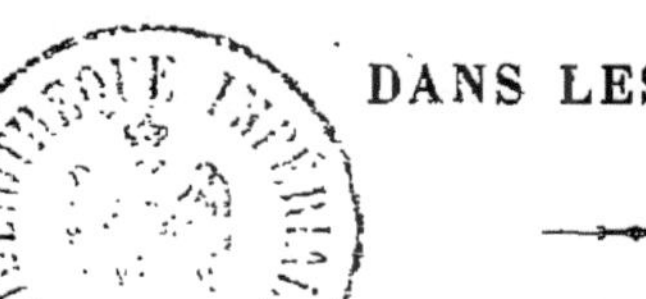

L'article 29 du décret du 3 janvier 1813 dit : « Il est défendu de laisser descendre dans les mines ou minières les enfants au-dessous de dix ans. »

Lors de la discussion de la loi du 22 mars 1841, sur le travail des enfants dans les manufactures, une disposition additionnelle tendant à en étendre les effets aux mines, fut repoussée, sur l'observation du ministre des travaux publics que toutes les mines étaient soumises à la surveillance de l'administration [1].

Le régime légal sous lequel les mines sont exploitées n'a présenté, au point de vue des enfants, aucun des inconvénients cités pour les ateliers et les manufac-

[1] Chambre des députés, séance du 24 décembre 1840, *Moniteur* du 25, M. de Ressigeac propose de comprendre dans la loi les mines, minières, et les carrières exploitées par galeries souterraines. Le ministre des travaux publics répond qu'il ne faut pas multiplier inutilement les catégories, que le gouvernement est suffisamment armé, pour les mines, par la loi de 1810 et par le décret de 1813.

tures. Loin de là, nulle part l'instruction des enfants n'a été l'objet d'autant de soins et n'est aussi avancée. Dans tous les pays de mines, les exploitants ont fondé des asiles et des écoles, et lorsqu'on sait tous les sacrifices qu'ils font pour ces institutions, on regrette de les voir mis en suspicion et entravés par une réglementation inutile.

N'est-il pas à craindre qu'une réglementation comminatoire ne soit funeste aux enfants des mines, en amenant l'exploitant à renoncer à l'emploi des enfants, et à négliger les institutions qui, jusqu'ici, leur ont été si favorables?

Le travail des enfants dans les mines peut être examiné : 1° au point de vue des enfants, de leur intérêt, de la protection qui leur est due, de leur instruction ; 2° au point de vue des familles des mineurs ; 3° au point de vue des mines.

C'est au nom de ces trois intérêts que nous croyons que les mines doivent être maintenues en dehors de la loi relative aux manufactures.

L'intervention des enfants dans le travail des mines est très-variable dans les diverses parties de la France, ou plutôt, suivant les conditions du travail souterrain.

Dans le Nord et surtout dans le Pas-de-Calais, cette intervention est importante ; on peut évaluer à 15 pour 100 du nombre total des ouvriers celui des enfants employés, soit au fond, soit au jour. Dans les houillères du Centre et du Midi, elle est presque nulle, et ne s'élève pas au-dessus de 3 à 6 pour 100.

De là une grande diversité dans les réponses faites aux questions que nous avons adressées aux exploitants au sujet du projet de loi. Dans le Nord et le Pas-de-

Calais, les mesures proposées sont presque partout considérées comme regrettables au point de vue des houillères ; dans le Centre et le Midi, on les regarde comme de peu d'importance pour les mines, et fâcheuses seulement pour les enfants et les familles que l'on appauvrirait.

Les houillères du Pas-de-Calais peuvent être considérées comme les plus intéressées dans la question. Elles sont nouvelles, la main-d'œuvre y est encore rare, et toute partie de cette main-d'œuvre importe au travail.

Que font les enfants dans ces mines ? ils approchent les bois qui, vu l'exiguïté des ateliers, sont de petites dimensions ; ils écartent des charbons les fragments de schistes et de rochers, et rangent les remblais ; ils graissent les chariots ; ils font les commissions de toute nature pour les mineurs, vont chercher des outils, des cartouches, de l'eau ; enfin ils servent de portiers, c'est-à-dire ouvrent et ferment les portes d'aérage. Au delà de quatorze ans, ils participent au roulage, c'est-à-dire poussent, à deux, les chariots de 4 à 5 hectolitres sur les voies de fer.

Il n'y a là aucune condition de travail qui puisse nuire à la santé ou au développement des enfants. Bien au contraire, ce sont des exercices qui les fortifient et leur donnent le goût du travail. A mesure que l'enfant grandit, toute son ambition est d'arriver successivement aux postes mieux rétribués, afin de devenir le plus tôt possible mineur, soit au charbon, soit au rocher.

L'enfant accomplit dans ces mines une besogne utile et proportionnée à ses forces ; s'il n'est plus là, il faudra le remplacer par un adulte qui coûtera plus cher et sera lui-même enlevé à un travail plus essentiel. La famille qui obtenait de son enfant une rétribution de 75 centimes à 1 fr. 25 c. par jour, se trouvera appauvrie et plus gênée. Enfin, l'initiation au métier de mineur, par les habitudes contractées dès l'enfance, sera moins active, et le recrutement des mines, si essentiel à l'intérêt général, pourra en souffrir.

En présence de ces inconvénients, quelles sont les compensations ?

L'enfant sera resté deux ans de plus dans les écoles. Mais, à onze ans, l'enfant a fait sa première communion, et tiré de l'instruction primaire tout ce qui peut être utile. Il sait lire, écrire et compter. N'est-il pas temps pour lui de se consacrer à l'éducation professionnelle, à l'état qui doit le nourrir ?

A douze ans, nous écrit-on d'un bassin houiller, l'enfant a épuisé la science de l'instituteur primaire ; il en est dégoûté pour toujours. Si on le laisse sans travail, il vagabondera et se pervertira.

Mais, répond la loi, on le laissera travailler quatre jours. Cette transaction est impossible. Dans une mine, le travail n'est pas individuel, il est organisé pour tous et pour les six jours de la semaine. Il faudra donc laisser de côté les enfants et s'organiser autrement.

Dès lors toutes ces familles d'ouvriers, voyant avec peine le règlement qui leur est imposé et qui les appauvrit, prendront en antipathie l'instruction qui en est le prétexte, et le but de la loi pourra bien ne pas être atteint.

Dans les houillères du Centre et du Midi, la proportion des enfants qui descendent dans les mines est presque insignifiante. Il y a donc peu d'intérêt à discuter les restrictions de la loi.

Cependant les pères de famille emmènent souvent leurs enfants pour les aider, faire leurs commissions, leur passer, sans qu'ils se dérangent, leurs outils et les menus objets nécessaires à leur travail. La loi peut-elle avoir la prétention de s'interposer contre la volonté du père de famille ?

Cette question est à résoudre. Elle met en évidence ce qu'il y a d'arbitraire dans le projet de loi, qui ne tient aucun compte des volontés ni des besoins de la famille.

En menaçant d'amendes les patrons, ce projet les place dans une situation qu'il ne leur est pas toujours possible d'accepter. Ils ne peuvent être toujours là pour la police des chantiers des mines et minières, qui sont souvent isolés et en dehors de leur surveillance immédiate.

La plupart des enfants au-dessous de quinze ans sont employés, dans nos houillères du Centre et du Midi, aux ateliers de la surface, pour le deschistage et le triage des charbons, le criblage et le lavage des fines. Ces fonctions ne se prêtent pas à un travail de quatre jours par semaine ; elles doivent suivre l'extraction et se faire chaque jour dès la sortie des charbons. Les enfants gagnent là leur vie en jouant plutôt qu'en travaillant, et la loi les bannira de ces occupations faciles pour une instruction qu'ils ne prendront pas.

Là encore, l'inconvénient est évident, et la compensation est niée.

En résumé, si, dans les mines du Centre et du Midi, on trouve des inconvénients moins généraux dans l'application du projet de loi; cependant ces inconvénients existent encore. Les exploitants de mines, déjà placés sous une surveillance administrative qui leur paraît souvent exagérée et trop exigeante, verraient avec regret un nouvel élément de réglementation avec des responsabilités et des pénalités nouvelles. Depuis bien des années, on leur a promis la suppression des excès de réglementation qui entravent le travail; ils attendent encore la réalisation de ces promesses, et, au lieu de cela, ils se voient menacés d'une immixtion plus étendue des agents de l'administration.

Une dernière question nous reste à traiter, celle de la présence des femmes dans les mines.

Au premier abord, cette question a peu d'intérêt, car il est un très-petit nombre de mines en France où les femmes soient admises. Mais enfin il en est quelques-unes, et il s'agit ici d'un droit tellement respectable que nous devons le défendre.

Une mine est un atelier aussi convenable que tout autre. Tout ce qui peut être supposé contre cette assertion est sans aucune base. Que font les femmes dans certaines exploitations? elles travaillent avec leurs pères ou leurs frères, poussent des chariots, trient les pierres, font des manœuvres de gare ou d'accrochage. Toujours elles sont réunies par groupes dans des places saines et bien aérées, et là elles gagnent leur pain et leur vie aussi honorablement que dans tout autre travail.

Et lorsque ce travail est offert aux femmes, une loi arbitraire viendra sans aucun motif leur interdire ce travail, leur ôter ce pain, sans se préoccuper d'aucune compensation pour cet attentat à leur libre arbitre?

Discutons toutefois les motifs qui ont pu être produits à l'appui de cette proposition.

S'agit-il de moralité ? Nous demanderions une enquête qui prouverait qu'il n'est pas de lieu moins critiquable sous ce rapport. La femme est plus respectée, plus protégée dans les mines que dans tout autre atelier. Tout acte répréhensible est plus facilement constaté et réprimé que partout ailleurs, et il n'est presque pas d'exemples des attaques et des violences qui se produisent si souvent au jour dans les campagnes. Que peut-on prétendre de plus ?

On a dit que les travaux des mines nuisaient au développement de la femme et à sa santé. Examinons les conditions du travail.

Dans les galeries de roulage et aux accrochages, où les femmes sont employées, l'aérage est toujours bon, la température est uniforme, et l'on n'y est pas exposé aux refroidissements et aux affections de poitrine qui frappent si souvent celles qui sont employées aux travaux agricoles.

Les efforts de traction que les femmes sont appelées à déployer sont peu considérables et intermittents. Les trajets ne dépassent pas 200 mètres. Elles se relayent successivement, et, dans les galeries où le roulage est actif, on n'entend en général que des rires et des chants. Cela est bien différent de l'idée qu'on tend à se faire des travaux des mines, et pourtant cela est vrai.

Dans les mines de Charleroi, on pourrait compter quatre à cinq mille jeunes filles employées au roulage. Le travail y est beaucoup plus long qu'en France, la durée du trait ou poste étant de douze heures. Cette organisation ayant été l'objet de réclamations, on en a étudié avec soin les effets, et l'on a pu constater que, partout où l'aérage était bien organisé, cette population se trouvait dans les meilleures conditions de santé.

Il serait donc mieux de ne pas intervenir dans les conditions actuelles du travail. Il n'y a nul intérêt à le faire, tandis que les inconvénients ne peuvent être contestés.

Telles sont les observations qui nous ont été suggérées par les membres du Comité des houillères.

Il a été procédé, par les soins du Comité, à une enquête, afin de recueillir les appréciations des principaux directeurs de charbonnages, dans les divers bassins houillers. Voici les dires que nous avons recueillis.

BASSIN DU NORD

L'adoption de la loi serait une mesure regrettable, et qui n'a aucune raison d'être.

On n'admet dans les travaux souterrains que des enfants parfaitement sains, après une visite minutieuse du médecin. Sauf quelques cas exceptionnels, ces enfants ne descendent qu'à douze ans. Les conditions hygiéniques du travail sont excellentes ; ce travail exerce une influence heureuse sur le développement qui les conduit à la profession d'ouvriers mineurs. Enfin, l'argent gagné par les enfants est un appoint essentiel dans le budget des familles ouvrières, et l'on ne doit toucher à ce budget qu'avec la plus grande réserve.

Voici la proportion des enfants de divers âges employés par la Compagnie d'Anzin, qui produit à elle seule 15 à 16 millions d'hectolitres de houille.

Enfants occupés dans les mines de la Compagnie d'Anzin.

DIVISIONS.	ENFANTS de 11 à 13 ans.		ENFANTS de 13 à 15 ans.		TOTAL DES ENFANTS de 11 à 15 ans.		NOMBRE TOTAL D'OUVRIERS DU FOND au 31 décembre 1867.
	Nombre.	Gain moyen.	Nombre.	Gain moyen.	Nombre.	Gain moyen.	
		fr. c.		fr. c.		fr. c.	
Anzin	66	0,80	161	1,60	227	1,56	1,566
Saint-Vaast .	71	0,85	158	1,60	229	1,55	1,600
Denain . . .	171	1,19	230	1,40	401	1,51	2,548
Abscon . . .	92	1,13	112	1,56	204	1,25	1,215
Vieux-Condé.	86	0,85	106	1,50	192	1,21	1,769
Ensemble.	486	1,01	767	1,48	1,253	1,50	8,498

Il résulte du tableau ci-dessus que les enfants de onze à quinze ans sont dans les fosses au nombre de 1,253 ; ils atteignent à peu près les 15/100" de la population charbonnière.

Les enfants de onze à treize ans sont au nombre de 486. Ils sont occupés comme galibots, graisseurs, etc. Leur travail consiste à traîner quelques bois, des traverses des rails du fond, dans les galeries hautes, bien aérées, loin des poussières de charbon et des gaz malsains, sous les yeux des raccommodeurs, qui les surveillent et leur apprennent le travail.

Ces enfants descendent en général à six heures du matin pour remonter à deux heures ; ils ont toute facilité pour aller à l'école dans l'après-midi. A l'époque de leur première communion, on fixe le moment de leur descente de façon à leur permettre la fréquentation du catéchisme.

La suppression de cette catégorie d'ouvriers serait aussi nuisible aux familles qu'à l'industrie houillère.

L'âge de l'admission est fixé à douze ans. Toutefois on est amené exceptionnellement, pour soulager les familles nécessiteuses, à les occuper dès l'âge de onze ans et demi, et même de onze ans.

Ils gagnent, en moyenne, 1 franc par jour. Une famille qui a un enfant reçoit ainsi 300 francs par an. C'est une ressource dont elle serait privée si l'enfant ne pouvait plus fréquenter la fosse.

Dans les mines d'Aniche, qui produisent 5 à 6 millions d'hectolitres et qui emploient 1,844 ouvriers du fond, et 783 ouvriers du jour, ensemble 2,627 ouvriers, les proportions sont à peu près les mêmes, les enfants étant au nombre de 392, ainsi répartis :

Enfants employés dans les mines de la Compagnie d'Aniche.

	AU FOND.	AU JOUR.	ENSEMBLE
De 11 à 12 ans......	»	62	62
De 12 à 13 —	69	26	95
De 13 à 14 —	83	30	113
De 14 à 15 —	98	24	122
Totaux......	250	142	392

M. Vuillemin, directeur de ces mines, ne permet la descente des enfants qu'après douze ans accomplis. Les jeunes enfants de douze et treize ans y sont employés avec leurs parents, et y gagnent 1 fr. 10 c. par jour. A treize ans, ils sont occupés au remblayage, soit au service des plans automoteurs, et gagnent 1 fr. 35 c. par jour. De quatorze à quinze ans, ils sont employés aux transports, et leur salaire s'élève de 1 fr. 35 c. à 1 fr. 75 c.

M. Vuillemin admet que la limite d'âge pour la descente soit portée à treize ans, mais il considère comme inadmissible la proposition de ne les faire travailler que quatre jours par semaine. Il considère également comme inadmissible la proposition de ne plus appliquer les enfants au service des treuils, manéges, machines et pompes, où ils n'ont qu'un travail de surveillance, aussi bien que pour le service des plans automoteurs.

Les mêmes observations sont présentées par les directeurs des houilles de Douchy, Vicoigne, etc.

M. Mathieu, directeur des mines de Douchy, emploie, en moyenne, dans les travaux souterrains, cent enfants de onze à treize ans, ce qui est à peu près la même proportion que dans les mines d'Anzin. Ces enfants ont, comme galibots, un service très-doux, et leur salaire, de 1 fr. 10 c. par jour, paye amplement leur dépense dans les familles. Priver les familles de cette faculté, c'est les appauvrir d'une manière notable, et les engager à chercher du travail dans les mines belges.

Après leur journée, qui se termine à une heure ou deux heures de l'après-midi, ces enfants sont si peu fatigués qu'ils suivent encore les écoles du soir.

Porter le trouble dans un service ainsi organisé serait une mesure regrettable pour les enfants, funeste pour les familles, onéreuse pour les mines, qui devront remplacer ce petit travail des enfants par des ouvriers qui peuvent mieux employer leur temps.

PAS-DE-CALAIS

Le projet de loi a déterminé dans les houillères du Pas-de-Calais une émotion beaucoup plus vive que dans le Nord, parce que cette industrie y est nouvelle. Les exploitations houillères y datent en effet de dix ou quinze ans, et si elles sont arrivées à produire 16 millions d'hectolitres par année, c'est en faisant appel à toute la population ouvrière du pays, et même à celle des autres bassins. On ne peut aujourd'hui toucher à l'organisation du travail des enfants sans porter préjudice à la production et à un nombre de familles plus grand que partout ailleurs.

Le Comité des houillères du Pas-de-Calais s'est appliqué à préciser les travaux des enfants dans les mines, afin de démontrer que ces travaux n'étaient nullement de nature à nuire soit à leur santé, soit à leur développement. Les fonctions remplies par les enfants, dans les travaux souterrains, sont celles d'aide-raccommodeur ou galibot; d'aide-rouleur; d'aide-raucheur.

Les enfants de onze à treize ans sont surtout affectés, comme galibots, à l'entretien des voies de roulage, et cette fonction est essentielle dans nos mines du Nord, qui ont plus spécialement à soutenir les concurrences étrangères, et dont une des conditions d'infériorité est précisément la longueur et la complication des voies de transport. Il faut que l'entretien de ces galeries se fasse dans les meilleures conditions d'économie, et c'est sous ce rapport que l'intervention des enfants est essentielle.

L'entretien du boisage et de la voie des galeries n'exige jamais de la part des enfants un grand développement de forces. Les bois et les rails sont amenés à peu près sur place, par les chariots de roulage. Les enfants en tirent les traverses, les bois et les rails, puis les traînent sur le sol pour les approcher à la portée de l'ouvrier boiseur ou raccommodeur. Comme il y a deux enfants attachés à chacun de ces ouvriers, ils s'entr'aident pour manœuvrer ces diverses pièces, dont les plus lourdes ne dépassent pas 20 kilogrammes. Ils avancent et roulent le chariot, porteur de ces pièces.

Tous ces travaux sont intermittents. Enfin ils font les commissions, vont chercher les outils, clous, chevilles, etc., de telle sorte que pendant le poste, dont la durée effective est de huit à neuf heures, les enfants sont le plus souvent à se reposer et à jouer.

L'aide-raucheur, âgé de douze à treize ans, travaille à charger les déblais abattus. Ainsi, le travail moyen du raucheur dans sa journée, pour le relèvement et l'élargissement d'une galerie, nécessite en moyenne l'abatage de 20 hectolitres de déblais, soit environ un poids de 3,000 kilogrammes. Ces 3,000 kilogrammes sont successivement recueillis par l'aide, qui les met dans de petits paniers qu'il vide derrière les bois, en remblais latéraux, ou qu'il charge en wagons. En supposant ces matériaux élevés à la moyenne d'un mètre, le travail de l'enfant serait de 3,000 kilogrammètres qui, rapportés au travail du rouleur, représenteraient 360,000 kilogrammes roulés sur voies de fer à 1 mètre de distance. Ce travail ne suffit même pas à la journée, et le reste du temps est consacré à approcher les bois, à ranger les garnissages ou esclimbes derrière les bois, supplément qui peut être évalué à 100,000 kilogrammes au plus, roulés à 1 mètre de distance.

L'aide-rouleur ou hercheur est âgé, en général, de treize à quatorze ans. Il est occupé à recevoir les berlines de 4 hectolitres qui descendent des plans auto-moteurs, et à les ranger sur les voies pour en former des convois. En moyenne, il parcourt 50 mètres de distance et fait quatre-vingt-quatre manœuvres, soit 4,200 mètres parcourus. Le travail n'est pas continu; il est de six heures, coupé par un repos de deux heures, soit huit heures passées dans la mine.

Ces diverses tâches sont rétribuées de 1 franc à 1 fr. 75 c., suivant l'âge des enfants et la nature des travaux.

Quelques exemples feront apprécier la proportion des enfants employés dans les houillères du Pas-de-Calais.

La Compagnie des mines de Nœux emploie :

Ouvriers du fond.. . . . 1,141)
Ouvriers du jour. . . . .   297) ensemble. . 1,438.

Sur ce nombre on compte :

Au jour, 22 garçons de dix à douze ans, et 43 filles de onze à dix-huit ans ;

Au fond, 173 garçons de onze à seize ans, dont 75 ont seulement de onze à treize ans, et 76 filles de douze à dix-huit ans ;

C'est un total de 314 enfants sur une population ouvrière de 1,438 ; c'est-à-dire plus de 20 pour 100.

Ces 314 enfants reçoivent journellement environ 450 francs de salaire, qui sont de la plus grande importance pour les familles.

Le projet de loi ayant pour résultat d'éliminer des

travaux du fond les enfants au-dessous de treize ans et toutes les filles ou femmes, priverait la population ouvrière d'une rente annuelle de 22,982 francs payés aux garçons et de 34,314 francs payés aux filles, soit un total de plus de 57,000 francs, appauvrissement considérable, dont les conséquences pécuniaires et morales seraient aggravées, quoi qu'on en dise, par les habitudes de vagabondage qui se substitueraient à un travail très-modéré.

M. de Bracquemont, directeur des mines de Nœux, appuie ces conclusions de considérations qui sont de nature à modifier les idées préconçues sur le travail des enfants dans les mines.

Les enfants de toute cette population ouvrière sont, dit-il, accueillis dans les écoles au nombre de quatre cent trente, ce nombre se trouvant réparti comme suit :

Ecole de garçons	de 8 à 11 ans, grande classe	50
	de 7 à 11 ans, petite classe	70
	de 12 à 25 ans, classe du soir	40
		160
École des filles	de 8 à 13 ans, grande classe	50
	de 7 à 10 ans, petite classe.	80
		130
Salles d'asile, filles et garçons.		140

Ainsi, pour un total de 1,124 ouvriers adultes, la Compagnie des usines de Nœux emploie 314 enfants, et en reçoit 430 dans les écoles ou salles d'asile dont elle supporte les frais. Nous croyons qu'il serait difficile d'obtenir des résultats aussi complets au moyen de réglementations administratives.

A ces considérations M. de Bracquemont ajoute :

« Les coutumes qui régissent les populations de mineurs, au point de vue de l'apprentissage des enfants,
des diverses phases de travail par lesquelles ils doivent
passer avant d'être considérés comme mineurs propre-
ment dits, ont été établies il y a plusieurs siècles par
les ouvriers eux-mêmes. Les ouvriers mineurs, réunis
alors en corporations, régnaient en maîtres sur le premier bassin houiller connu, celui du pays de Liége. Ces
mêmes coutumes se sont ensuite répandues en Belgique
et en France, où elles se sont peu à peu modifiées et
améliorées, à mesure que les perfectionnements de l'art
des mines sont venus adoucir les conditions du travail
souterrain.

« Loin de nier les progrès réclamés par la civilisation
ou même de ne les accepter qu'imposés par les lois,
nous les avons devancés et nous avons fait beaucoup
plus que d'autres industries pour l'éducation, l'instruction et le développement des forces physiques
de nos ouvriers. Nos galeries de mines sont mieux
aérées que certaines fabriques où les enfants travaillent plus longtemps et dans des conditions d'hygiène
moins bonnes.

« Que l'autorité, dont les intentions ne sont que bien-
veillantes et tutélaires, qui n'a pour but que l'améliora-
tion générale de la classe ouvrière et son bien-être au
point de vue moral et physique, ne vienne pas boule-
verser les usages établis, sans consulter les familles de
mineurs menacées de perdre une ressource importante.
Nous demandons une enquête dans laquelle exploitants
et ouvriers seront entendus.

« Il ne faut pas, du reste, perdre de vue que, par son
adoption, la loi nouvelle serait un obstacle à l'appren-

2

tissage déjà fort long du mineur, et porterait une grave atteinte à là liberté du travail.

« En vertu de quel principe empêcher une fille accompagnée de son père ou de parents de descendre dans la mine pour venir en aide à sa famille par son salaire? De quel droit l'exclure du travail souterrain, quand on l'emploie dans des fabriques où les conditions hygiéniques sont moins bonnes et la démoralisation plus facile?

« Qu'il soit interdit aux filles dont les parents ne sont pas mineurs de travailler dans les mines, il n'y a aucun inconvénient; mais qu'on laisse libres celles des mineurs, puisque la surveillance exercée par les chefs d'établissement, les pères, les frères, qui les accompagnent, leur assure la protection là plus scrupuleuse et rend les désordres impossibles. »

M. Promper, directeur des mines de Dourges, arrive aux mêmes conclusions.

Pour une exploitation bien entendue, il faut, dit-il, employer environ 10 pour 100 d'enfants de onze à treize ans. Ils sont nécessaires surtout pour circuler dans les tailles très-étroites, ouvertes dans les couches de 50 centimètres de puissance moyenne. Ils sont utilement appliqués au relevage des terres, au portage des petits bois, et à toutes les opérations de triage. Ces enfants travaillent avec leurs pères et leurs frères, et se préparent ainsi au métier de rouleur-hercheur qu'ils prennent à quatorze ans.

Quant à leur éducation, elle est organisée et surveillée par les compagnies houillères, dans des conditions bien supérieures à celles qui pourront être obtenues dans les campagnes.

MAINE-ET-LOIRE

Les mines de Maine-et-Loire ont été citées comme ayant donné lieu à quelques observations ; il importait donc d'y recueillir des documents certains, et nous nous sommes adressés au groupe principal, formé des houillères réunies de Chalonnes, Saint-Lambert et Saint-Georges Chatelaison.

M. le comte de Las Cases, administrateur de ces mines, a voulu donner à ses communications le caractère le plus complet, et ses réponses contiennent une réfutation sans réplique des allégations qui ont pu être produites.

Sur 486 ouvriers, les mines de Chalonnes comptent 76 enfants de douze à dix-huit ans.

        13 de 12 à 14 ans, gagnant. . . . .   1ᶠ »ᶜ par jour.
        18 de 14 à 16 ans,   —   1,50   —
        15 de 16 à 18 ans,   —   1,75   —

Sur ce nombre, 46 descendent dans les mines, où ils restent neuf heures, pour un travail effectif de six heures.

Ces enfants, de douze à dix-huit ans, sont employés à amener les charbons des chantiers d'abatage aux points de chargement, c'est-à-dire sur de très-petits parcours ; à pousser les bennes, graisser les chariots, manœuvrer les portes d'aérage ; ils servent d'aides dans les détails du service et les travaux accessoires des exploitations, sans que le travail excède jamais leurs forces.

L'aérage des travaux souterrains est soigneusement entretenu, l'air y est constamment pur et sain, et l'ouvrier mineur se trouve, sous ce rapport, dans de meilleures conditions que celui des manufactures. Cette condition essentielle est sous la surveillance des ingénieurs de l'administration, qui prescriraient, au besoin, des mesures au-devant desquelles viendraient les exploitants. En somme, les enfants se portent mieux dans ces galeries souterraines que dans tout autre atelier.

L'adoption du projet de loi serait très-regrettable pour les mineurs. Le salaire accordé aux plus jeunes enfants est un véritable secours donné aux familles, sous la forme la plus utile et la plus morale : celle du travail. Ce travail profite aux enfants, en les initiant à une profession honorable et bien rémunérée, en les empêchant de prendre des habitudes de désœuvrement et de vagabondage.

Au point de vue des mines, les jeunes enfants au-dessous de treize ans sont en si petit nombre, que leur suppression ne pourrait avoir de grands inconvénients. Mais cependant les ouvriers qui devraient les remplacer dans ces petits travaux exigeraient des salaires plus élevés, et il en résulterait une aggravation des prix de revient. Cette aggravation n'est pas sans importance dans une contrée où les houillères, en concurrence immédiate avec les importations anglaises, se trouvent déjà dans une situation très-difficile.

Mais l'intérêt le plus compromis par le projet de réglementation est celui des enfants eux-mêmes.

La sollicitude organisée par l'administration des houillères accueille l'enfant dès sa naissance, par des soins et des secours. Dès qu'il est en âge de suivre une école, il est admis dans celles qui sont établies par la mine, qui compte actuellement quatre-vingt-dix élèves. L'instruction religieuse suit également les enfants, qui font leur première communion de dix à onze ans. Enfin, lorsqu'ils sont admis à travailler, ils suivent encore les écoles du soir, où leur instruction peut recevoir tous les compléments que comportent leurs aptitudes.

L'apprentissage du jeune enfant aux travaux des mines doit être considéré comme une mesure de sagesse et de prévoyance, et comme venant compléter un système d'éducation qui importe à la fois à l'enfant, à sa famille, aux mines et à l'intérêt public.

LOIRE

Les houillères de Saint-Étienne et de Rive-de-Gier produisent le quart de la houille extraite en France; les méthodes qui y sont suivies ont été adoptées par toutes les houillères du Centre et du Midi; il est donc intéressant d'y examiner l'organisation du travail.

Un fait principal résulte d'un premier examen. L'enfant de onze à treize ans n'est pas employé dans ces mines, non plus que dans les mines du Centre et du Midi. C'est seulement à quatorze ans que les enfants y sont admis.

Les enfants de onze à quatorze ans ne travaillent qu'au jour, pour le triage et le deschistage des charbons. A quatorze ans, ils sont assez forts pour porter les bois, les rails, recevoir et pousser les chariots, pleins ou vides, afin de former les trains. Cette différence avec les mines du Nord résulte de ce que, les galeries étant généralement plus grandes, les bois, les chariots, etc., sont plus lourds.

On voit qu'il n'est pas besoin d'une intervention gouvernementale pour régler le travail des enfants dans les mines, d'après leur âge et leur force. Une organisation rationnelle s'obtient naturellement, et les enfants au-dessous de quinze ans ne sont plus conservés dans

les mines du bassin de la Loire que pour graisser les chariots, ouvrir et fermer les portes d'aérage, faire les commissions, diriger et soigner les chevaux. Leur proportion ne dépasse pas 2 à 3 pour 100.

Un plus grand nombre est occupé au jour pour le triage des charbons, la surveillance des appareils de lavage, etc. En somme, on évalue de 1,000 à 1,100 le nombre des enfants occupés pour les travaux des mines, soit au fond, soit au jour.

La journée, pour les travaux du jour, commence à sept heures en hiver, à six heures en été ; elle finit à quatre heures et demie ; elle est coupée à midi par une heure de repos. C'est un travail de huit à neuf heures, intermittent, et divisé par des repos multipliés. Dans les mines, les enfants n'ont à déployer que très-peu d'efforts ; leur travail effectif ne dure pas la moitié du poste, quoique leur présence soit nécessaire de cinq heures du matin à quatre heures du soir, et le temps consacré soit au dîner, soit au repos, est plus que suffisant pour rassurer les plus exigeants.

Il suffit d'ailleurs d'examiner la jeune population ainsi employée aux mines de Saint-Étienne et de Rive-de-Gier, pour être bien convaincu que la réglementation n'a rien à redresser. Cette population est saine et forte ; les enfants ainsi élevés non-seulement ont reçu une instruction largement suffisante, mais ont développé leur vigueur de manière à devenir les plus aptes aux travaux qui leur sont réservés lorsqu'ils atteignent l'âge convenable.

La réglementation du travail des enfants, proposée par le projet de loi, équivaut à une suppression. Les exploitants ne pourraient, en effet, accepter des condi-

tions qui ne peuvent se concilier avec la régularité du travail ; ils ne pourraient se soumettre volontairement à des éventualités de procès-verbaux et d'amendes. Cette suppression des enfants aurait d'ailleurs une influence fâcheuse sur la production.

Les services que rendent les enfants, soit à l'intérieur, soit à l'extérieur des mines, constituent en effet des rouages importants dans la marche générale de l'exploitation.

Faites disparaître ces brigades d'adolescents qui, sur les plâtres, trient les pierres, et aident à presque toutes les manœuvres, qui, dans l'intérieur, sont des éléments essentiels pour préparer les trains et les manœuvres du roulage, qui maintiennent une communication continuelle entre les chantiers d'abatage et les points de chargement, il en résultera une perturbation complète des services. Par qui remplacer ces enfants ? Des hommes ne descendront pas à ces emplois sans proportion avec leurs forces. Si on les y décide, non-seulement on les enlèvera à des occupations plus utiles à la production, dans un temps où les bras font défaut, mais on élèvera la moyenne des salaires et, par conséquent, les prix de revient.

Comment admettre des mesures qui tendront à restreindre la production et à augmenter les prix de la houille, au moment où nos industries ont besoin de quantités toujours croissantes et de réduction dans les prix de vente, pour pouvoir soutenir les concurrences étrangères ?

La plupart des enfants employés dans les mines appartiennent à des familles de mineurs ; ce sont des fils d'ouvriers qui accompagnent leurs pères et travaillent

avec eux, des fils de veuves dont ils sont en même temps les soutiens.

Les salaires qu'ils gagnent contribuent à la subsistance des familles. A l'extérieur, ces salaires sont de 1 franc à 1 fr. 25 c. par jour; dans l'intérieur, ils sont de 1 fr. 25 c. pour les enfants de onze à treize ans, de 1 fr. 75 à 2 fr. 25 c. pour ceux de treize à quinze ans. Là où le chef de famille existe, le salaire importe au bien-être; là où il manque, les enfants peuvent le remplacer dans une certaine mesure; on en cite des exemples nombreux et touchants.

L'apprentissage graduel des enfants est justement considéré comme une condition essentielle pour le recrutement des mines.

Tous ces enfants que l'on voit commencer par quelques faibles travaux à l'extérieur des mines n'ont en général qu'un désir : descendre dans l'intérieur. Dès qu'ils ont atteint l'âge convenable, ils sollicitent les emplois de receveurs de bennes, pousseurs, toucheurs, etc., puis ils deviennent boiseurs, piqueurs et mineurs. Ils ont les traditions du métier, l'amour des mines, la vigueur que donne l'exercice, l'habileté qui résulte de l'habitude.

Ce mode de recrutement présente des avantages immenses : il favorise le développement de la production, et rend les accidents plus rares.

La pensée du gouvernement est d'améliorer la condition morale de l'enfant, et de combiner pour lui l'instruction avec le travail. Il y a peu de chose à faire, à cet égard, dans les mines de la Loire, par cette double raison que les enfants ne sont admis dans les mines qu'à un âge où l'instruction primaire n'a plus rien à

leur apprendre, ét parce que les moyens d'instruction sont multipliés par les soins de toutes les compagnies d'exploitation.

Il n'est pas, en effet, une compagnie qui n'ait organisé des moyens d'instruction, ou qui, par des subventions accordées aux écoles communales, ne développe ces moyens pour les enfants des mineurs.

C'est ainsi que la Société anonyme des houillères de Montrambert et de la Béraudière a ouvert, à côté de son hospice du Montcel, une école, un ouvroir, un asile pour les enfants de ses ouvriers ; que la Société de Roche-la-Molière et Firminy entretient, en même temps que l'hospice de la Chaux, une salle d'asile qui reçoit trois cents enfants. Mais on comprend que, dans les mines voisines des centres de population où l'instruction primaire est suffisamment bien organisée, la création d'écoles spéciales aux enfants des mineurs soit inutile, et qu'on y supplée, même avec avantage pour ces enfants, par des subventions accordées aux écoles communales.

C'est ce que font en général les Compagnies importantes du bassin de la Loire. Ainsi, la Société des mines de Roche-la-Molière et de Firminy subventionne, à Firminy, les sœurs de Saint-Joseph, pour qu'elles reçoivent quatre-vingts jeunes filles, auxquelles une des sœurs est en même temps spécialement attachée ; elle fait de même à Roche-la-Molière, où soixante-cinq jeunes filles sont élevées par elle. Les fils de veuves reçoivent, en outre, à ses frais, les leçons des instituteurs communaux de Firminy et de Roche-la-Molière.

La Société des mines de la Loire rétribue les écoles

communales de Saint-Genest et de Villars, dans la cir-
conscription desquelles s'étend la plus grande partie de
ses possessions houillères.

La Société anonyme des houillères de Rive-de-Gier
accorde des subventions en nature et en argent à toutes
les écoles communales de Rive-de-Gier, Saint-Genis,
Lorette et la Grand'Croix.

La Société des mines de la Péronière a contribué
pour une somme importante à l'établissement d'une
école primaire de garçons et d'une salle d'asile à la
Grand'Croix.

Toutes les mines ont suivi la même impulsion, et
l'on ne voit pas ce que le projet de loi pourrait ajouter
à un mouvement aussi général, à une situation si supérieure à tout ce qui existe dans les autres industries.

Ces dires du Comité des houillères de la Loire,
transmis par M. Vier, dont la haute expérience a rendu
tant de services dans le département, sont la réponse
la plus complète que nous puissions opposer à un nou-
veau projet de réglementation.

HOUILLÈRES DU CENTRE ET DU MIDI

La plupart des exploitants du Centre et du Midi ont été très-surpris en apprenant le projet de loi. Dans leurs mines comme dans celles de la Loire, le nombre des enfants au-dessous de treize ans qui descendent dans les mines est tout à fait insignifiant. Il n'y a pour eux aucun intérêt à discuter cette question.

Lorsque ces enfants descendent dans les travaux souterrains, ce n'est pas ordinairement à titre d'ouvrier salarié, c'est parce que leurs pères les emmènent pour les occuper, en leur faisant faire leurs commissions, et les chargeant de leur faire passer de l'eau, des outils, des bois. Leur but principal est de leur donner de bonne heure l'habitude du travail, et de les empêcher de vagabonder à la surface.

Il y a donc lieu de se demander si la loi entend prohiber cette faculté jusqu'ici admise pour les parents, d'emmener avec eux leurs enfants, ce qui arrive surtout lorsque l'accès des mines est facile et se fait par descenderies. Dans ce cas, les enfants ne sont assujettis à aucun travail ; ils entrent et sortent presque à leur volonté, et établissent une communication presque continuelle entre le jour et le fond. C'est pour l'ouvrier une faculté précieuse ; les patrons y tiennent dans son intérêt.

Quant aux enfants de treize à seize ans, le nombre en est considérable ; il varie de 5 à 8 pour 100.

Il est important que ces enfants, qui obtiennent des journées de 1 fr. 50 c. à 2 francs, puissent continuer leurs travaux, qui sont à la fois essentiels pour les familles et pour les exploitations.

Ces enfants sont employés à pousser les chariots pleins ou vides pour former les trains ; ils sont serveurs ou manœuvres au triage, au chargement, au remblai, au boisage, et rendent des services plus ou moins efficaces, suivant leur âge. Ils font partie essentielle de l'organisation des chantiers et services. Toute mesure qui tendrait à les empêcher de descendre et remonter en même temps que les autres ouvriers, ou de travailler le même nombre de jours, soit six jours par semaine, porterait dans ces chantiers une perturbation telle, qu'on serait obligé de ne plus y admettre les enfants.

Ce qui a le plus surpris les exploitants, c'est qu'on semble avoir ignoré à quel point les moyens d'instruction sont développés dans les pays de mine.

L'Exposition de 1867 avait pourtant permis de mettre en évidence toutes les institutions fondées par les compagnies. Le Creusot, Montceau-les-Mines, la Grand'-Combe et bien d'autres compagnies minières avaient publié à cette occasion les détails statistiques les plus concluants, et de nature à écarter le projet d'une réglementation nouvelle.

Toutes les compagnies qui jouent un rôle notable dans l'exploitation des mines ont organisé l'éducation et l'instruction des enfants d'une manière bien supérieure à ce qu'on peut désirer obtenir par le projet de loi ; nous en citerons pour exemple les établissements de Montceau-les-Mines, dans la Saône-et-Loire.

A Montceau-les-Mines, une salle d'asile reçoit les

enfants des deux sexes, depuis l'âge de trois ans jusqu'à six ans accomplis (ces enfants sont au nombre de 250 environ). Ils y sont soignés par les sœurs de Saint-Vincent de Paul. Ils y reçoivent les premières notions de chant et d'instruction. Ils y séjournent depuis huit heures du matin jusqu'à quatre et cinq heures du soir. Ils y font leurs repas. Pendant toute la journée, les mères, déchargées du soin de leurs enfants, peuvent se livrer aux travaux de l'intérieur de leur ménage ou à des travaux extérieurs, soit pour les triages et criblages des charbons, soit pour toute autre chose ; leurs salaires viennent augmenter l'aisance de la famille, pendant que leurs enfants recueillent les bienfaits d'une première éducation, qu'ils ne trouveraient pas chez leurs parents.

A l'âge de six ans accomplis, les enfants quittent la salle d'asile, et passent dans les écoles primaires, où les deux sexes sont séparés. La Compagnie des mines de Blanzy entretient plusieurs écoles, qui sont spéciales pour les enfants de ses ouvriers, dans tous les centres principaux de population qui se consacrent aux travaux des mines, afin de mettre ces écoles plus à proximité des enfants qu'elles doivent recevoir.

C'est ainsi qu'elle a institué et qu'elle entretient : deux écoles primaires, l'une pour les petits garçons et l'autre pour les petites filles, dans la commune du Montceau ; deux sur le territoire de la commune de Blanzy ; deux sur celui de Saint-Vallier ; et deux sur celui de Sanvignes. Total : huit écoles, où sont reçus plus de 1,550 enfants.

Pour compléter le bienfait, elle paye les mois d'école des enfants de ses ouvriers, dans les écoles de quelques communes environnantes où résident les parents de ces enfants, lorsqu'ils se trouvent domiciliés à une trop grande distance des écoles de la Compagnie.

Dans les huit écoles de la Compagnie, les enfants apprennent à lire, à écrire ; ils y acquièrent des connaissances suffisantes en grammaire, en géographie, en histoire et en calcul. Les petites filles apprennent de plus les travaux manuels que toute bonne ménagère ne doit pas ignorer.

Enfin, on s'applique à leur inculquer les principes religieux, qui sont la base de la morale. La population du pays étant à peu près exclusivement catholique, on les prépare à leur première communion par des instructions qui leur sont faites par les instituteurs, et par les prêtres chargés du spirituel de la paroisse.

Toutes les organisations fondées par les compagnies d'exploitation sont analogues à celles de la Compagnie de Blanzy, et l'on se demande ce que l'on peut y ajouter.

On y a cependant ajouté, dans un grand nombre de localités : le travail principal des mines étant en général terminé à deux heures de l'après-midi, on a organisé des écoles de chant, de musique, de dessin, pour les plus aptes ; des écoles du soir pour ceux qui se trouveraient arriérés ou qui veulent pousser plus loin leur instruction.

CONCLUSIONS

Il nous paraît résulter de l'enquête faite par les soins du Comité des houillères :

Que toute réglementation nouvelle au sujet du travail des enfants dans les mines n'est motivée par aucun abus, par aucun inconvénient réel, et ne pourrait, par conséquent, présenter aucune utilité ;

Que cette réglementation pourrait être nuisible aux enfants, et serait regrettable au point de vue des familles d'ouvriers ;

Qu'au point de vue des mines, elle nuirait au recrutement et à l'apprentissage des ouvriers, et serait une atteinte portée au travail, sans aucune compensation.

L'industrie des mines a créé en France, d'une manière générale, les institutions les plus utiles et les plus protectrices en faveur des enfants : salles d'asile, soins médicaux, écoles primaires, éducation religieuse, cours d'adultes et éducation professionnelle.

Tout a été mis en œuvre pour la bonne éducation des enfants et pour les amener à l'état de bons ouvriers gagnant le maximum des salaires. Ces institutions peuvent sans doute être encore perfectionnées, mais tout ce qui viendra entraver l'initiative des exploitants sera nuisible aux enfants et aux familles des ouvriers mineurs.

Le Comité des houillères demande, en conséquence, que les mines soient maintenues, pour le travail des enfants, dans les conditions actuelles de surveillance administrative.

Le Secrétaire du Comité des houillères,
AM. BURAT.

Paris. — Typographie HENNUYER ET FILS, rue du Boulevard, 1.